AF619713

DESSINS

ANCIENS

GOUACHES ET AQUARELLES

EXEMPLAIRE [illegible]

1899

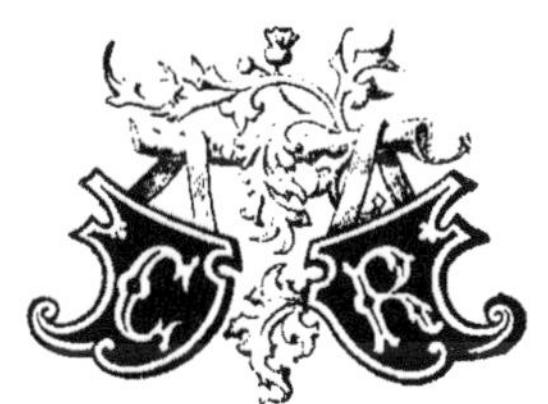

DESSINS ANCIENS

GOUACHES ET AQUARELLES

CONDITIONS DE LA VENTE

Elle sera faite au comptant.

Les acquéreurs paieront cinq pour cent en sus des enchères.

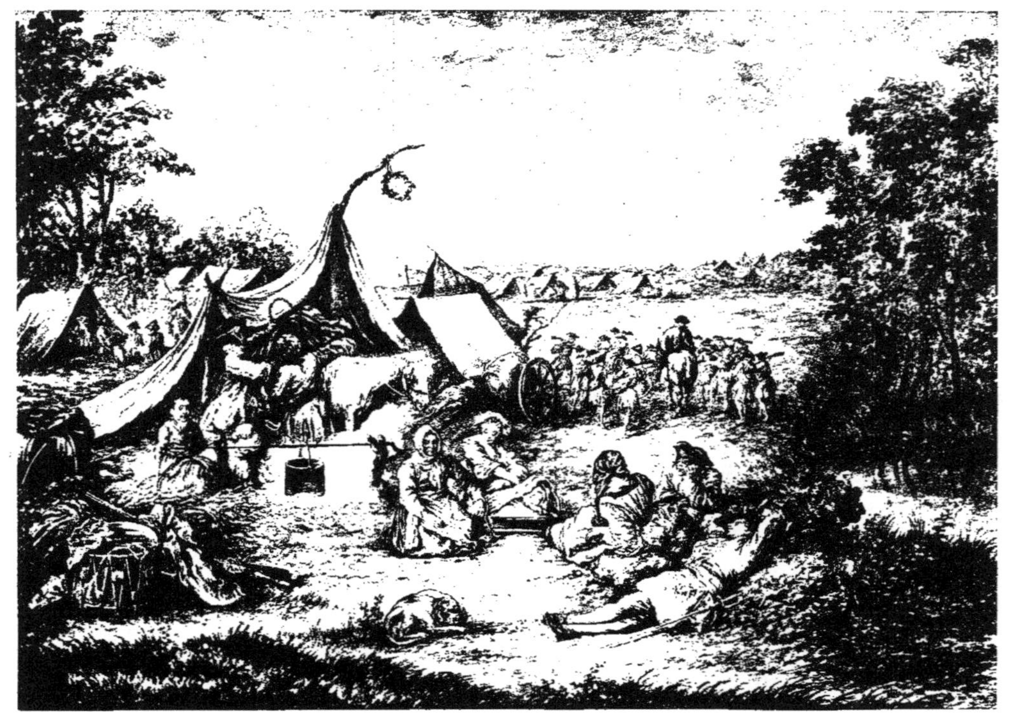

N° 108. — ÉCOLE FRANÇAISE DU XVIIIe SIÈCLE

CATALOGUE

DE

DESSINS ANCIENS

GOUACHES ET AQUARELLES

PRINCIPALEMENT DE

L'ÉCOLE FRANÇAISE DU XVIIIe SIÈCLE

ŒUVRES

DE

BINET, BOUCHER, CHOFFARD, COCHIN, DESFRICHES
FRAGONARD, GRAVELOT, GREUZE, HUET
LAVREINCE, LOUTHERBOURG, L. MOREAU, J.-M. MOREAU, NATOIRE
PATER, PERNET, ROBERT, LES SAINT-AUBIN, WATTEAU
ETC., ETC.

Dont la Vente aura lieu

HOTEL DES COMMISSAIRES-PRISEURS, RUE DROUOT, 9

Salle N° 10

Le Lundi 20 Mars 1899, à 2 heures

COMMISSAIRE-PRISEUR	EXPERT
Me PAUL CHEVALLIER	M. PAUL ROBLIN
10, rue Grange-Batelière	65, rue Saint-Lazare

EXPOSITION PUBLIQUE

Le Dimanche 19 Mars 1899, de 2 heures à 5 heures 1/2

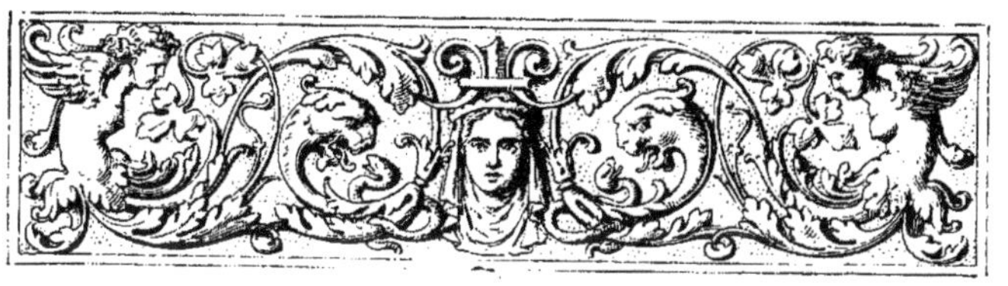

DÉSIGNATION

AUBERT

L.

1\. — *Le Jeune Amateur de dessins.*

A la pierre noire, rehaussé de crayons de couleur.

H., 0,27. — L., 0,20.

BINET

LOUIS

2\. — *Quatre Compositions pour les Œuvres de Restif de la Bretonne.*

Très beaux dessins à la sépia.

H., 0,13. — L., 0,09.

BOREL

(ANTOINE)

3. — *La Fille confuse.*

Debout dans un jardin, le bras appuyé sur un piédestal surmonté d'une statue de l'Amour, une jeune fille, en élégant costume Louis XVI, subit, en pleurs, les réprimandes de sa mère. Un jeune homme se cache dans la pénombre, derrière la statue.

Aquarelle gouachée, signée des initiales A. B., 1782.
Cadre en bois sculpté.

(H., 0,26. — L., 0,20.

BOREL

(ANTOINE

4. — *Bacchantes lutinant un Satyre. — Nymphes jouant avec l'Amour.*

Deux pendants.
Belles aquarelles.
L'une est signée : *A. Borel, 1780.*

(H., 0,215. — L., 0,265.)

BOUCHER

(FRANÇOIS

5. — *Amours appuyés sur la proue d'un navire.*

Crayon noir et sanguine, rehaussé de blanc.
A été gravé par G. Demarteau.
De la collection J. Gigoux.

(H., 0,26. — L., 0,35.)

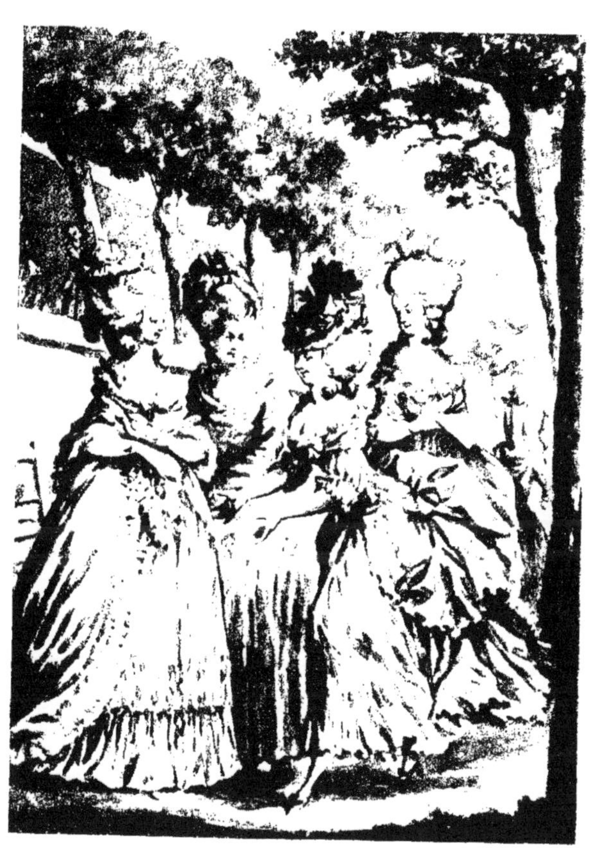

N° 2. [illegible]

BOUCHER

(FRANÇOIS)

6. — *Jeune Femme en buste.*

Représentée de face, la tête tournée vers la gauche, avec robe décolletée.

Très beau dessin aux crayons de couleur, d'une parfaite conservation.
Monture ancienne de Glomy.
Cadre en bois sculpté de style Louis XV.

H., 0,195. — L., 0,150.

BOUCHER

FRANÇOIS

7. — *Le Calendrier des Vieillards.*

Beau dessin à la pierre noire, tres largement traité.
A été gravé par de Larmessin, pour la grande série d'estampes des *Contes de La Fontaine.*

H., 0,29. — L., 0,33.

BOUCHER

FRANÇOIS

8. — *Étude de trois têtes d'anges.*

Beau dessin aux trois crayons, sur papier gris.
Monture de Glomy.
Cadre ancien en bois sculpté.

H., 0,22. — L., 0,19.

BOUCHER

(FRANÇOIS)

9. — *Le Repos du Fermier.*

Plume et lavis de sepia, rehaussé de carmin.
Cadre Louis XVI ancien, en bois sculpté et doré.

(H., 0,22. — L., 0,16.)

BOUCHER

(FRANÇOIS)

10. — *Tête de jeune fille endormie.*

Dirigée vers la droite, la tête repose sur une main repliée.

A la pierre noire, rehaussé de craie, sur papier gris.
Signé.
Cadre ancien, en bois sculpté et doré.

(H., 0,195. — L., 0,150.)

BOUCHER

(FRANÇOIS)

11. — *Académie d'homme nu.*

Belle étude à la sanguine, rehaussée de blanc.

(H., 0,49. — L., 0,34.)

CARESME

(PHILIPPE)

12. — *Vignette pour les Nouvelles de d'Ussieux.*

A la plume et au lavis de sépia.
Signé : Ph. Caresme, peintre du Roy.

H., 0,140. — L., 0,085.

CHOFFARD

(PIERRE-PHILIPPE)

13. — *Cartouches ornés pour adresses ou cartes de visite.*

Quatre dessins.
A la plume et au lavis de sépia.
Cadres anciens, en bois sculpté, et dorés.

H., 0,10. — L., 0,10.

COCHIN le Fils

(CHARLES-NICOLAS)

14. — *Portrait d'homme âgé.*

De trois quarts, dirigé vers la droite ; il est représenté à mi-corps, assis, les mains cachées sous son habit et porte la décoration de Saint-Louis.

Au crayon noir.
Signé : *C. N. Cochin f. delin. 1788.*

H., 0,165. — L., 0,120.

COCHIN le Fils

(CHARLES-NICOLAS)

15. — *Silvie délivrée par Aminte.*

Très beau dessin à la mine de plomb.
A été gravé par Martini.

(H., 0,18. — L., 0,26.)

COCHIN le Fils

(CHARLES-NICOLAS)

16. — *On ne s'avise jamais de tout.*
Le Petit Chien qui secoue des pierreries.
Les Deux Amis.
Le Baiser rendu.
La Mandragore.
La Courtisane amoureuse.
Belphégor.
Nicaise.
Le Diable de Papefiguière.
La Chose impossible.
La Confidente sans le savoir.
Le Rossignol.

Douze dessins originaux à la mine de plomb sur vélin. Ils ont été gravés par Fessard, pour l'édition des *Contes de La Fontaine* publiée en 1745.

(H., 0,045. — L., 0,060.)

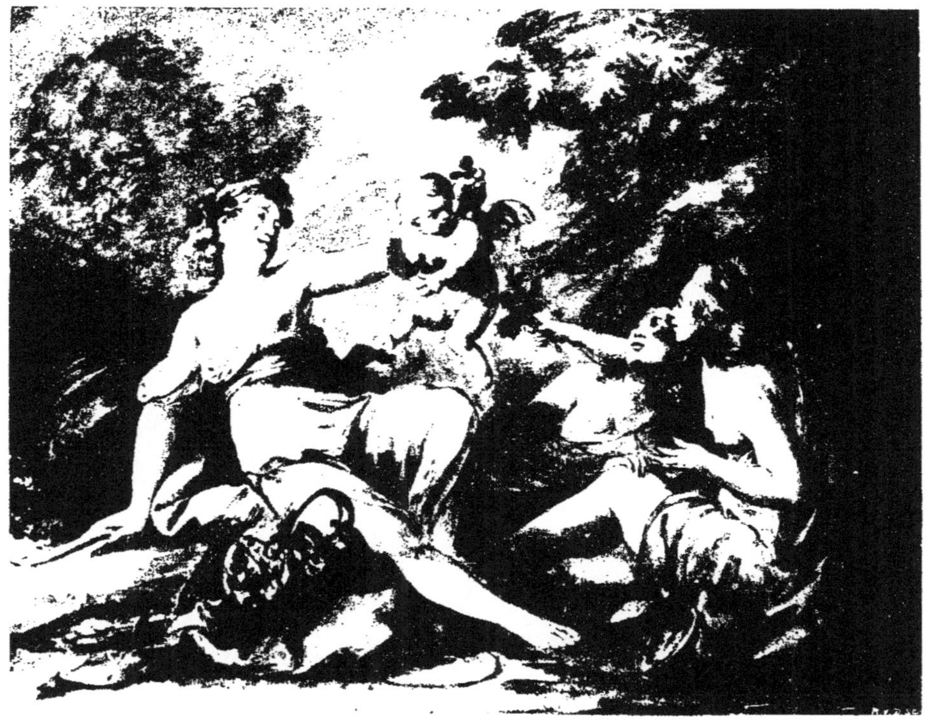

DEMARTEAU

(GILLES)

17. — *Têtes de Femmes.*

Deux pendants.
Modèles de dessins d'après François Boucher.
A la pierre noire et à la sanguine.
Au bas d'un dessin : *Du 3 novembre 1776.* Montures du temps.

H., 0,32. — L., 0,22.

DESFRICHES

(AGNAN-THOMAS)

18. — *Paysage.*

Au verso on lit : Vuë de l'Entrée de la praierie (*sic*) et d'une partie du pont d'Olibet présentée à Monseigneur de Miromesnil, garde des Sceaux de France, par son très humble et très respectueux serviteur Desfriches. — Orléans, premier janvier 1780.

Très joli dessin à l'encre de Chine, rehaussé de gouache et d'aquarelle.
Signé : *Desfriches, 1780.*

H., 0,09. — L., 0,14.

DESFRICHES

(AGNAN-THOMAS)

19. — *Paysages.*

Six dessins.
A la mine de plomb.

(H., 0,080. — L., 0,135.)

DESFRICHES

(AGNAN-THOMAS)

20. — *Paysage et moulin.*

Deux pendants.
Beaux dessins au crayon et à la plume, légèrement rehaussés d'aquarelle.
Signés : *Desfriches, 1768.*

(H., 0,17. — L., 0,20.)

DESRAIS

(CLAUDE-LOUIS)

21. — *L'Étreinte amoureuse.*

Sur un banc de gazon, au pied d'un arbre, un jeune homme tient enlacée une jeune femme la tête ornée d'une large coiffure. Dans le fond un abbé apparaît.

A la plume et au lavis de sépia.
Cadre ancien, en bois sculpté et doré.

(H., 0,21. — L., 0,17.)

DUCLOS

(ANTOINE-JEAN)

22. — *L'Atelier du peintre.*

Beau dessin à la plume et à la sépia.

(H., 0,27. — L., 0,20.)

DUMONSTIER

(DANIEL)

23. — *Portrait de femme.*

Représentée de face, la tête dirigée vers la droite, avec haute coiffure.

A la pierre noire, légèrement rehaussé de sanguine.
Cadre ancien en bois sculpté.

(H., 0,34. — L., 0,24.)

EISEN

(FRANÇOIS)

24. — *Jeux d'enfants.*

A la sanguine, rehaussé de craie.

(H., 0,18. — L., 0,14.)

EISEN

(CHARLES)

25. — *Frontispice allégorique pour une histoire de France.*

A la mine de plomb.

(H., 0,205. — L., 0,145.)

FRAGONARD

(HONORÉ)

26. — *La Gageure des Trois Commères.*

A la sépia.
Gravé par Ph. Trière, pour l'edition des *Contes de La Fontaine. Édition Didot 1795.*
Des collections Des Jamonières et Piat.

(H., 0,20. — L., 0,14.)

FRAGONARD

(HONORÉ)

27. — *Le Gascon puni.*

A la sépia.
Gravé par L. Halbou pour l'édition des *Contes de La Fontaine. Édition Didot 1795.*
Des collections Des Jamonières et Piat.

(H., 0,20. — L., 0,14.)

FRAGONARD

(HONORÉ)

28. — *Étude de femme.*

Debout, en costume italien, la tête coiffée d'un foulard. A gauche une malle, sur laquelle se trouve une bouteille.

Belle composition à la sépia.
Datée 1760.

(H., 0,390. — L., 0,245.)

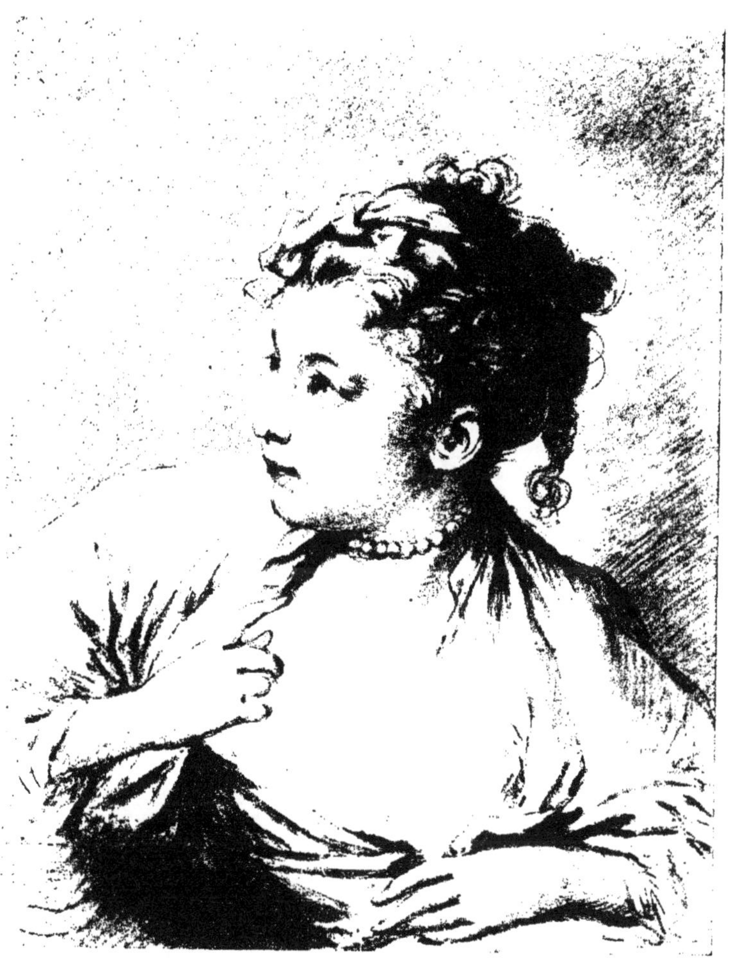

Nº 5. FR. BOUCHER

FRAGONARD

(HONORÉ)

29. — *Le Grand-Père.*

Dans un intérieur rustique, le grand-père distribue des friandises à six enfants réunis autour de lui. A gauche un homme joue de la flûte.

Importante composition au lavis de sepia.
Cadre en bois sculpté et doré.

H., 0,245. — L., 0,365.

FRAGONARD

(HONORÉ)

30. — *La Fontaine.*

Au pied d'une muraille en ruine et à l'ombre d'un gros arbre, une paysanne vient faire boire sa vache à une fontaine.

Superbe aquarelle, ancienne monture.
Cadre en bois sculpté et doré.

H., 0,24. — L., 0,32.

FRAGONARD

(HONORÉ)

31. — *Escalier dans un parc.*

Esquisse à la sepia.

(H., 0,125. — L., 0,192.)

FRAGONARD

(HONORÉ)

32. — *Intérieur de parc.*

A gauche une habitation avec terrasse à l'italienne, à droite et dans le fond de grands arbres, plusieurs personnages sont groupés au premier plan.

Esquisse à la sépia.

(H., 0,110. — L., 0,185.)

FRAGONARD

(HONORÉ)

33. — *Paysage.*

Dans la campagne romaine, deux taureaux paissent à l'ombre de grands arbres.

Très beau croquis à la sanguine.

(H., 0,21. — L., 0,33.)

FRAGONARD

(HONORÉ)

34. — *La Première Leçon d'équitation.*

A la sépia sur traits de plume.
Signé à droite : *Frago.*
Cadre ancien, en bois sculpté et doré.

(H., 0,16. — L., 0,25.)

FRAGONARD

(HONORÉ)

35. — *Étude de quatre têtes de femmes.*

A la pierre noire.

H., 0,245. — L., 0,180.

FREUDENBERG

(SIGISMOND)

36. — *Le Lever.*

A la plume, lavé d'encre de Chine.

H., 0,15. — L., 0,11.

GEELEN

(C. VAN)

37. — *Paysanne tenant une jatte.*

A la pierre noire, rehaussé de sanguine.

H., 0,27. — L., 0,21.

GRAVELOT

(HUBERT)

38. — *Études de femmes.*

Représentées en pied avec costumes Louis XV, une tient une raquette. Trois dessins dans le même cadre.

A la pierre noire. H., 0,155. — L., 0,090.

GRAVELOT

(HUBERT)

39. — *Deuxième journée, nouvelle 10e.*
Troisième journée, nouvelle 3e.
Troisième journée, nouvelle 7e.
Quatrième journée, nouvelle 2e.
Quatrième journée, nouvelle 6e.
Cinquième journée, nouvelle 6e.
Huitième journée, nouvelle 9e.
Neuvième journée, nouvelle 1re.

Huit dessins originaux pour les *contes de Boccace*. Édition de 1757.

A la sepia, sur traits de plume.

Signés.

(H., 0,10. — L., 0,06.

GRAVELOT

(HUBERT)

40. — *Imitation d'Anacréon.*

L'auteur ayant écrit la lettre de Phryné à Xénocrate brise l'arc de l'Amour.

A la plume et au lavis de sepia.

Signé : *H. Gravelot.*

Cadre ancien, en bois sculpté et doré.

(H., 0,125. — L., 0,075.

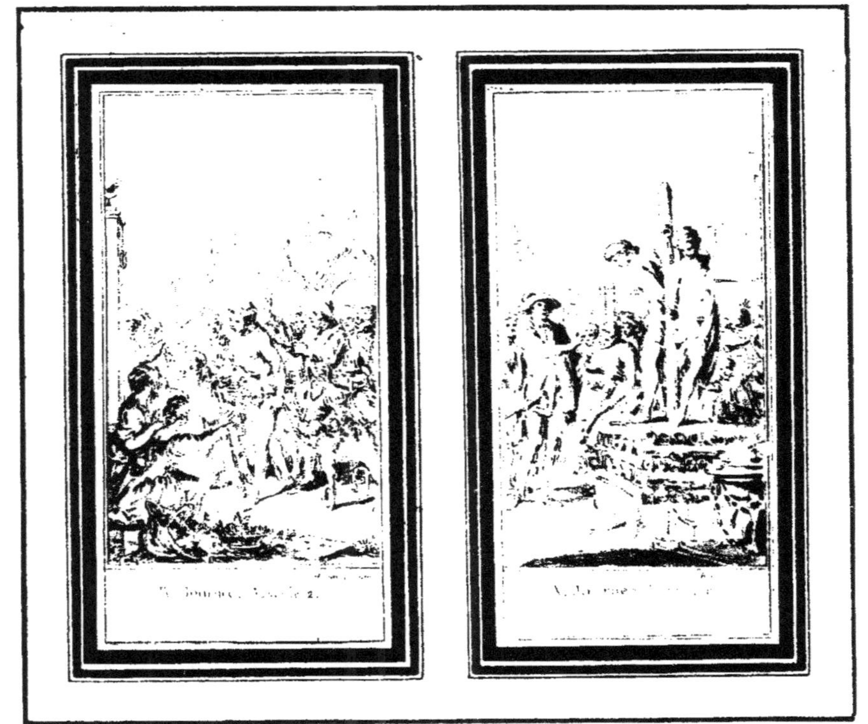

N° [illegible] H. GRAVELOT

GREUZE

JEAN-BAPTISTE

41. — *La Dispute au cabaret.*

Importante composition de quinze figures dessinée à la plume et rehaussée de lavis de bistre et d'encre de Chine.

Monture ancienne. Signée : ARD.

H., 0,25. — L., 0,36.

GUILLEMARD

XVIIIe SIÈCLE

42. — *Deux portraits de profil en médaillon, dans un cartouche orné de guirlandes de roses, et avec écusson aux initiales T. H.*

« De se voir quand on s'aime, ah peut-on se lasser !

Boissy.

Portraits au crayon noir et guirlandes à l'aquarelle. Signé : *Guillemard. effig. del. 1774.*

H., 0,20. — L., 0,31.

HALLÉ

(NOEL)

43. — *Le Sultan remettant un sabre d'honneur au grand-vizir.*

Frontispice du tome deuxième *Des Mœurs et Usages des Turcs.* Paris, Coustellier. 1747. 2 vol. in-4.

Beau dessin à la pierre noire.
Collection de Chennevière.

(H., 0,185. — L., 0,150.)

HOBBEMA

(MEINDERT)

44. — *Paysage avec grands arbres.*

A l'encre de Chine, rehaussé de blanc et de sanguine, sur papier blanc.
Cachet de collection J. D.

(H. 0,19. — L., 0,28.)

HUET

(JEAN-BAPTISTE)

45. — *Les Plaisirs champêtres.*

Croquis à la plume.
A été gravé en couleur par Jubier.

(H., 0,18. — L., 0,26.)

HUET

(JEAN-BAPTISTE)

46. — *La Nimphe Hesperie, fuyant Ésaque qui l'aimait, fut piquée par un serpent et mourut de sa blessure.*

Plume et aquarelle; a été gravé en couleur par L.-M. Bonnet, signé et daté.
Cadre en bois sculpté et doré, avec la monture ancienne.

(H., 0,22. — 0,17.)

LAGRENÉE

(L.-J.-F.)

47. — *Pygmalion et Galathée.*

Lavis de sépia sur traits de plume.
Autre dessin au *verso*.

(H., 0,245. — L., 0,175.)

LAVREINCE

(NICOLAS)

48. — *Le Lever des Ouvrières en modes.*

Dans une chambre où l'on voit deux grands lits à rideaux, des ouvrières sont en train de se lever et de s'habiller.

Variante de la composition gravée par Dequevauviller.

Belle aquarelle rehaussée de gouache.
Cadre en bois sculpté avec fronton.

(H., 0,28. — L., 0,41.)

LAVREINCE

(NICOLAS)

49. — *Le Retour à la Vertu.*

Dans un intérieur du temps de Louis XVI, une jeune fille, assise sur un divan placé dans une alcôve, paraît entendre avec effroi les déclarations d'un jeune homme agenouillé à ses pieds.

Beau dessin à l'encre de Chine avec lavis d'aquarelle.
A été gravé par Vidal.
Cadre ancien, en bois sculpté et doré.
Collection du comte de Bryas.

(H., 0,27. — L., 0,20.)

LAVREINCE

(D'après NICOLAS)

50. — *Le Coucher des Ouvrières en modes.*

Chambre de jeunes ouvrières avec un grand lit à rideaux dans le fond. Cinq ouvrières, se couchant ou allant se coucher, sont éclairées par une bougie.

Au milieu, et tournée vers la droite, une d'elle en chemise avec son jupon, assise devant une table en X, est en train de se tirer les cartes.

Très beau dessin de graveur à la plume et au lavis d'encre de Chine.

H., 0,17. — L., 0,13.

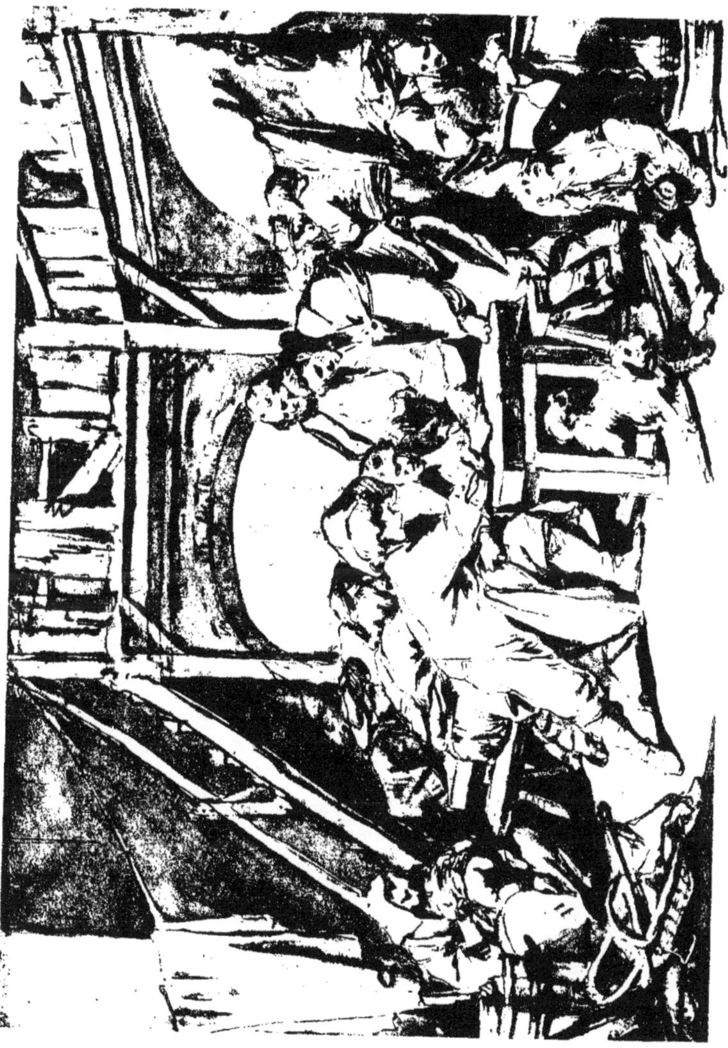

LE BARBIER

(JEAN-JACQUES-FRANÇOIS)

51. — *L'Automne.*

Composition ovale représentant une jeune femme pressant une grappe de raisins dans un vase orné d'amours.

A la sanguine.
Gravé à la manière de crayon par G. Demarteau.
Signé : *Le Barbier l'aîné fecit.*

(H., 0,255. — L., 0,180.)

LEPICIE

(NICOLAS-BERNARD)

52. — *Tête de jeune fille.*

A la sanguine, rehaussé de craie, sur papier gris.

(H., 0,30. — L., 0,25.)

LORRAIN

(CLAUDE GELLÉE, dit le)

53. — *Paysage avec grands arbres.*

Au crayon noir, rehaussé de sepia.

(H., 0,18. — L., 0,25.)

LOUTHERBOURG

(JACQUES-PHILIPPE DE)

54. — *La Clochette.* Sujet des *Contes de La Fontaine.*

A la plume, lavé de sépia et rehaussé de gouache.
Cadre ancien, en bois sculpté. (H., 0,28. — L., 017.)

LOUTHERBOURG

(JACQUES-PHILIPPE DE)

55. — *Le Cas de conscience.* Sujet des *Contes de La Fontaine.*

Pendant du précédent.
A la plume, lavé de sépia et rehaussé de gouache.

(H., 0,26. — L., 0,17.)

MICHEL

XVIIIe SIÈCLE

56. — *Arrivée à Toulon de Monseigneur et de Madame la Duchesse de Chartres, le 3 mai 1776. — Embarquement à Toulon de Madame la Duchesse de Chartres pour Porto-Maurizio, le 3 mai 1776.*

Deux pendants.

Superbes gouaches animées d'un grand nombre de personnages, de la même qualité que celle du musée de Versailles, et de plus en parfait état de conservation.

Signées : *Michel f^t, 3 mai 1776.*
Beaux cadres en bois sculpté Louis XVI.

(H., 0,28. — L., 0,60.)

MIÉRIS

(W.-VAN)

57. — *Le Jugement de Pâris.*

A la mine de plomb, sur parchemin.
Signé : *W. Van Miéris fecit.*

H., 0,17. — L., 0,22.

MONGIN

58. — *La Terrasse de Saint-Cloud.*

Paysage orné de figures. Composition ovale.
Gouache.

H., 0,25. — L., 0,34.

MONNET

(CHARLES)

59. — *Le Temple des Muses.*

A droite un temple orné de statues; à gauche les neuf Muses. Composition en largeur, gravée par P.P. Choffard en 1777, pour servir de diplôme de franc-maçonnerie.

A la plume et au lavis de sépia.
Cadre en bois sculpté.

H., 0,19. — L., 0,30.

MOREAU

(LOUIS)

60. — *Paysage.*

Habitation champêtre entourée d'arbres ; au premier plan un pont rustique avec plusieurs personnages.

Gouache d'une très belle exécution.

(H., 0,24. — L., 0,19.)

MOREAU

(LOUIS)

61. — *Paysage.*

Au pied d'une colline, une vieille tour et une masure baignées par une rivière ; au premier plan, des laveuses et un homme traversant le cours d'eau.

Gouache.
Signée : *L. Moreau, 1774.*

(H., 0,18. — 0,26.)

MOREAU LE JEUNE

(JEAN-MICHEL)

62. — *La Mort d'un guerrier.*

Dessin capital du maître.
A la plume et au lavis de sépia.
Signé et daté : 1769.

(H., 0,36. — L., 0,46.)

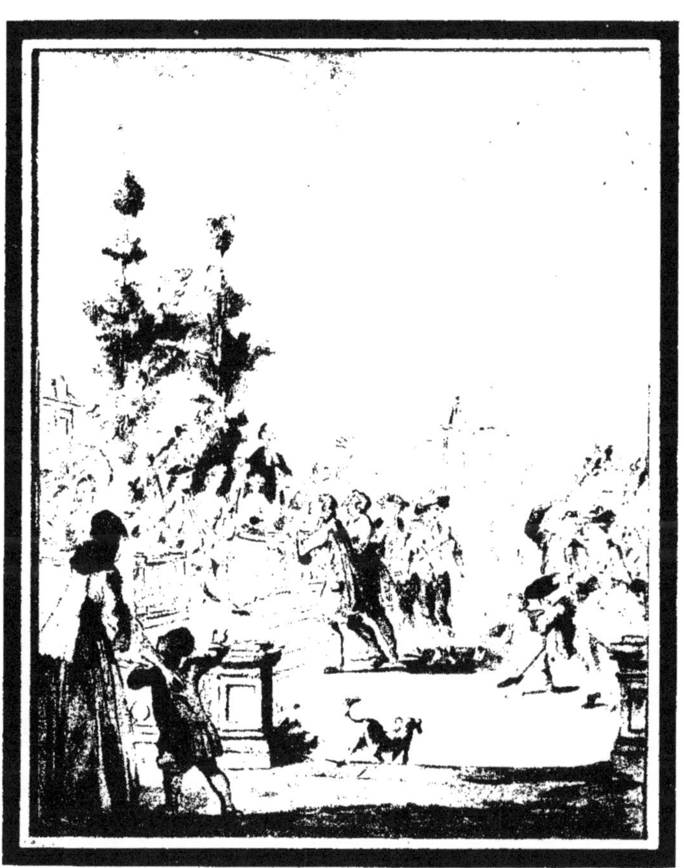

N° 63. — J.-M. MOREAU LE JEUNE

MOREAU LE JEUNE

JEAN-MICHEL

63. — *La Fête du seigneur.*

A gauche, le seigneur et sa femme sont assis sur la terrasse du château sous un dais de verdure. Ils sont entourés de leur famille et de quelques amis. Le bailli du village, accompagné du maître d'école et de deux musiciens, lui présente un bouquet sur un plat; des villageois, porteurs de bâtons ornés de feuillage, arrivent en dansant. Au fond, des paysans viennent de planter un mai.

Belle aquarelle sur traits de plume: a été gravée pour les Chansons de La Borde. H., 0,125. — L., 0,095.

MOREAU LE JEUNE

JEAN-MICHEL

64. — *Fête à l'Être Suprême, le 20 Prairial, l'an II de la République une et indivisible. — Fête à l'Être Suprême, le 23 Prairial l'an IIe de la République une et indivisible.*

Deux pendants.

Dans l'un, le cortège du char de la Liberté traverse le jardin des Tuileries, entourant en partie le grand bassin.

Dans l'autre, la foule s'est groupée au Champ de Mars, devant l'École militaire, dont elle envahit les gradins.

Aux crayons noir et blanc, sur papier de couleur. Signés des initiales. H., 0,25. — L., 0,45.

NATOIRE

(CHARLES)

65. — *Étude de femme nue.*

Couchée sur une draperie, le buste relevé, elle tient une grappe de raisins.

A la sanguine, rehaussé de craie et de crayon noir.

(H. 0,24. — 0,39.)

NATOIRE

(CHARLES)

66. — *Étude de femme nue, couchée et endormie.*

Beau dessin à la sanguine rehaussée de craie.

(H., 0,30. — L., 0,40.)

OUDRY

(JEAN-BAPTISTE)

67. — *Étude de trois paysannes.*

A la pierre noire, rehaussé de blanc, sur papier gris.

(H., 0,14. — L., 0,27.)

PATER

(JEAN-BAPTISTE)

68. — *Étude de femme assise.*

A la sanguine.

Cadre en bois sculpté. (H., 0,19. — L., 0,13.)

PATER

(JEAN-BAPTISTE)

69. — *Étude d'habit pour gentilhomme.*

Au crayon noir rehaussé de blanc. Au *verso*, étude de deux mains.

H., 0,27. — L., 0,21.

PERNET

70. — *Ruines romaines.*

Deux compositions ovales, faisant pendants.
Aquarelles sur traits de plume.

H., 265. — L., 0,215.

PERNET

71. — *Ruines romaines, avec fontaines et personnages.*

Belle composition ovale, à l'aquarelle sur traits de plume.

H., 0,27. — L., 0,33.

PERNET

72. — *Ruines romaines.*

Aquarelle sur traits de plume.
Composition ovale.

(H., 0,225. — L., 0,170.

PILLEMENT

(JEAN)

73. — *Paysage.*

Crayon noir.
Signé : *Jean Pillement, 1792.*

(H., 0,18. — L., 0,28.)

PORTAIL

(JACQUES-ANDRÉ)

74. — *Duo de musique.*

Deux gentilshommes jouant, l'un de l'alto, et l'autre du violoncelle.

Au crayon noir et à la sanguine.

(H., 0,29. — L., 0,22.)

PRUD'HON

(PIERRE-PAUL)

75. — *Le Calvaire.*

Croquis au crayon noir, rehaussé de blanc, sur papier bleu. (H., 0,075. — L., 0, 100.)

PRUD'HON

(PIERRE-PAUL)

76. — *Jeune femme appuyée contre un arbre et tenant un enfant.*

Crayon noir rehaussé de blanc, sur papier bleu.

(H., 0,075. — L., 0,050.)

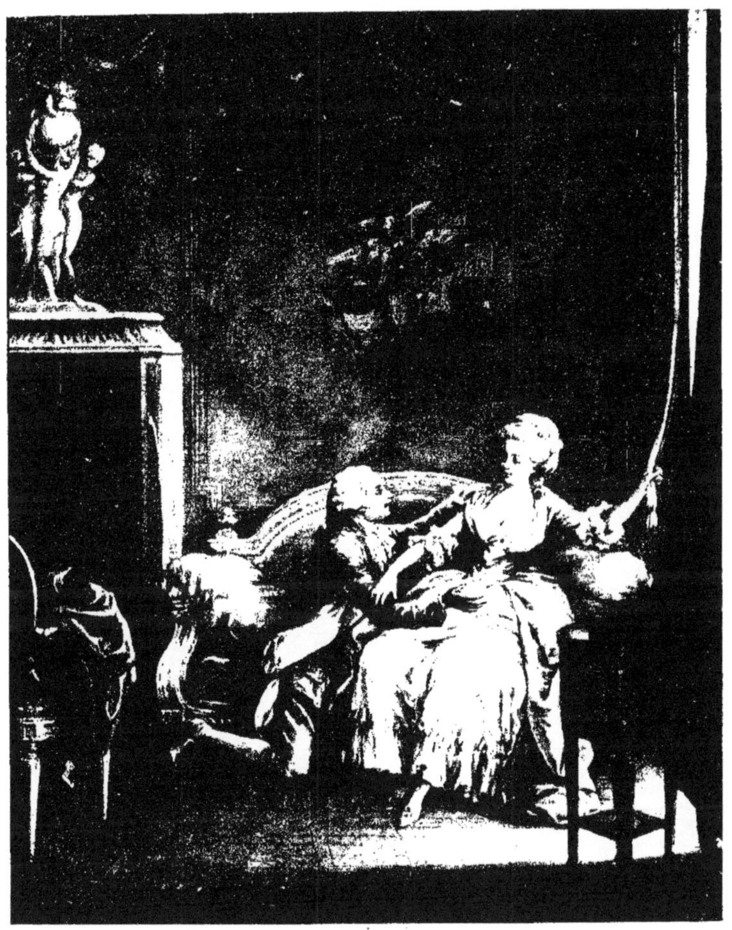

N° 77. — F.-M.-I. QUEVERDO

QUEVERDO

(FRANÇOIS-MARIE-ISIDORE)

77. — *L'Amant pressant.*

Très beau dessin à la plume et à la sépia.

(H., 0,20. — L., 0,16.

REHN

(T.-E.)

78. — *Composition allégorique.*

A gauche des instruments d'astronomie; à droite un perroquet sur des débris de sculpture décorative; vers le fond une construction architecturale.

A la plume et au lavis d'encre de Chine.

(H., 0,18. — L., 0,13.)

RESTOUT

79. — *Portrait de la Brinvilliers.*

On lit au bas du dessin, dans une écriture du temps :

« Marie-Marguerite d'Aubry, marquise de Brinvilliers, eut la tête coupée, son corps brûlé en place de Grève, le 16 juillet 1676.

« Cette fameuse empoisonneuse a été dessinée par M. Restout sur le trait qu'en fit M. Le Brun lorsqu'on l'amenait au supplice. »

Crayon noir, rehaussé de blanc, sur papier bleu.

(H., 0,30. — L., 0,25.

ROBERT

(HUBERT)

80. — *Fontaine dans un parc.*

Au pied d'une terrasse, ombragée de grands arbres, une fontaine ornée de sculptures, à gauche une allée bordée de statues, à droite un escalier, et au premier plan un groupe de deux personnages assis.

Beau dessin à la sanguine.

(H., 0,36. — L., 0,49.)

ROBERT

(HUBERT)

81. — *Fragments dessinés dans le temple de Diane à Nismes.*

Très beau dessin à la plume et au lavis de bistre.

(H., 0,32. — L., 0,40.)

ROBERT

(HUBERT)

82. — *Le Moulin de Charenton.*

Beau dessin à la pierre noire.
Ancienne monture.
Cadre en bois sculpté et doré.

(H., 0,285. — L., 0,380.)

ROBERT

(HUBERT)

83. — *Paysage.*

Deux cabanes couvertes de chaume avec quatre personnages au premier plan.

Vigoureux dessin à la sanguine.
Signé à l'encre.

(H., 0,37. — L., 0,51.

ROBERT

(HUBERT)

84. — *Paysages avec pont rustique, animés de personnages.*

Deux pendants.
Crayon noir avec retouches à la plume.

(H., 0,15. — L., 0,22.

ROBERT

(HUBERT)

85. — *Ruines.*

Sous une voûte effondrée, douze personnages se trouvent réunis.

Beau dessin à la sanguine, rehaussé de plume et de lavis d'encre de Chine.
Signé à l'encre.

(H., 0,24. — L., 0,37.

ROBERT

(HUBERT)

86. — *Quatre personnages groupés sur un monolithe au milieu de ruines.*

Belle aquarelle.
Signée à l'encre : *H. Robert.*

(H., 0,29. — L., 0,36.)

ROWLANDSON

(THOMAS)

87. — *Femme à matelot. — Femme à soldat.*

Deux pendants.
A la plume et à l'aquarelle.

(H., 0,15. — L., 0,10.)

SAINT-AUBIN

(AUGUSTIN DE)

88. — *Portrait de femme.*

De profil dirigé vers la gauche, à mi-corps, assise sur un fauteuil, la tête coiffée d'un bonnet de dentelle.

A la mine de plomb et au crayon noir.

(H., 0,12. — L., 0,12.)

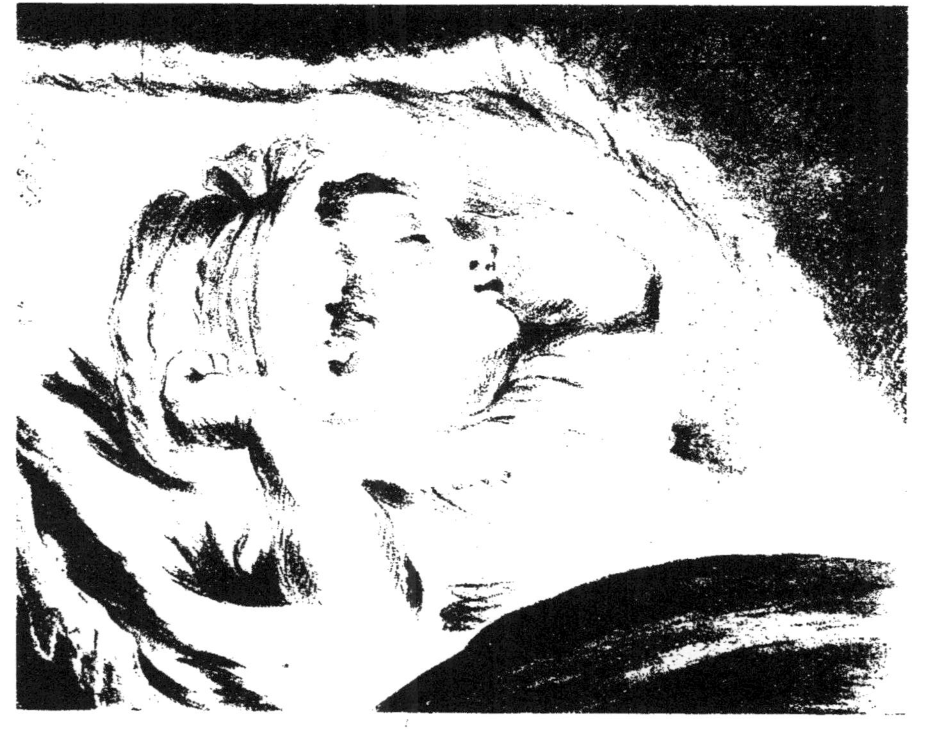

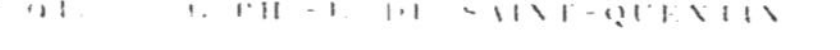

N° 61. [illegible] G. PH.-L. DE SAINT-QUENTIN

SAINT-AUBIN

(GABRIEL DE)

89. — *La Place Louis XV.*

Vue prise de l'extrémité des Champs-Élysées face au garde-meuble.

Plume et lavis de sépia.
Signé et daté 1780.
Cadre en bois sculpté.

(H., 0,11. — L., 0,21.)

SAINT-AUBIN

(GABRIEL DE)

90. — *Étude de deux femmes.*

Crayon noir.
Autre dessin au verso.

H., 0,195. — L., 0,150.

SAINT-QUENTIN

(JACQUES-PHILIPPE-JOSEPH DE)

91. — *Fillette endormie.*

Reposant dans son lit, les deux bras relevés, et la tête coiffée d'un grand bonnet.

Charmante composition aux crayons de couleur. Au *verso*, en écriture du temps : « Du 30 juillet 1788 ».

(H., 0,22. — L., 0,28.)

SAUERWEID

(A.)

92. — *Bivouac de cosaques aux Champs-Élysées.*

A la plume, rehaussé d'aquarelle.
A été gravé en couleur par Jazet.

(H., 0,145. — L., 0,370.)

TAUNAY

(N.)

93. — *La Récréation.*

Une troupe de jeune gens, filles et garçons, jouent dans un paysage. Un abbé réprimande une jeune fille montée sur un arbre.

A droite et au second plan, un berger pousse son troupeau devant lui.

A gauche, deux ânons sont étendus sur l'herbe.

A la sépia.
Signé : *N. Taunay.* (H., 0,18. — L., 0,24.)

TIEPOLO

(DOMENICO)

94. — *Le Calvaire.*

Sur la montagne, le Christ entre les deux larrons. Au pied de la croix les saintes femmes en pleurs, entourées des disciples et des soldats.

Beau dessin à la plume, lavé de sépia.
Cadre ancien, en bois sculpté et doré.

(H., 0,46. — L., 0,36.)

TOUZÉ

J.

95. — *Le Baiser prêté. Sujet des Contes de La Fontaine.*

A la plume et au lavis d'encre de Chine.
A été gravé pour la belle édition de Didot de 1795.
Cadre en bois sculpté.

H., 0,20. — L., 0,14.

TRAPANI

XVIIIe SIÈCLE

96. — *Fêtes données à Rome en l'honneur de la naissance du Dauphin par le cardinal de Polignac, au Palais de l'Ambassade.*

Deux pendants.

Importantes compositions architecturales, d'un décor somptueux et animées d'une multitude de figures.

Plume et aquarelle.

(H., 0,41. — L., 0,42).

TRINQUESSE

LOUIS

97. — *Étude de femme.*

En pied, assise, le coude appuyé sur une table.

Sanguine. Au bas : *Adelaïde 75.*

H., 0,33. — L., 0,22.

TROLL

(XVIIIe SIÈCLE)

98. — *Allée latérale du jardin des Tuileries.*

Gouache.
Cadre en bois sculpté.

(H., 0,15. — L., 0,12.)

VAN-LOO

(CARLE)

99. — *Portrait en pied de Madame Favart, dans le rôle de Bastienne.*

En costume de bergère, dans un paysage. Au fond des vaches et des moutons; à droite un hameau; à gauche un bouquet d'arbre.

Beau dessin aux crayons noir, bleu et rouge.
Signé en bas à droite : *Carle Van Loo.*
A été gravé par J. Daullé en 1754.

(H., 0,46. — L., 0,32.)

VAN-LOO

(CARLE)

100. — *Études de bras.*

A la sanguine, rehaussé de craie.

(H., 0,30. — L., 0,20.)

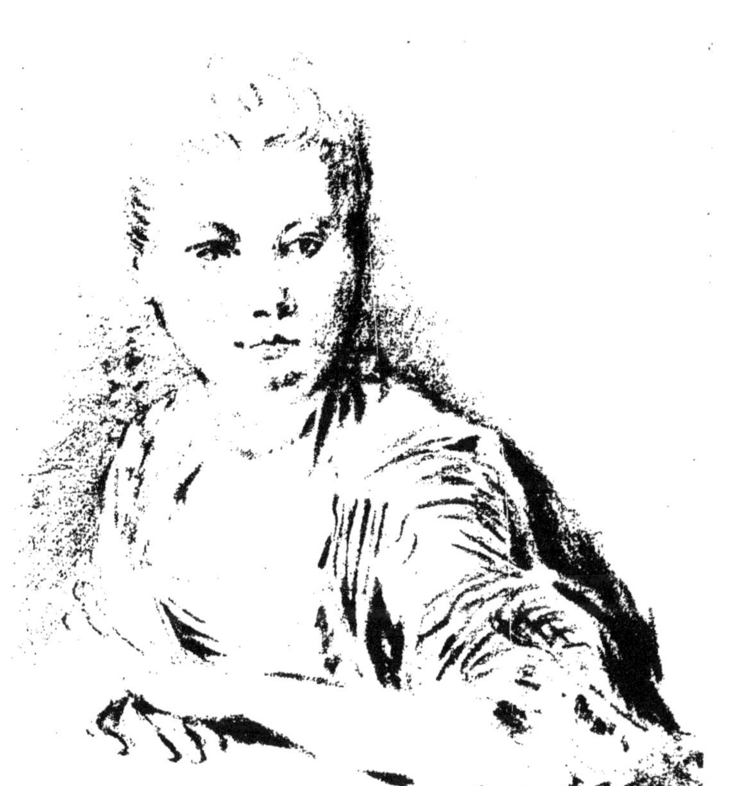

N° 104. — ANT. WATTEAU TÊTE DE FEMME

VERNET

(JOSEPH)

101. — *Marine.*

Port d'Italie avec château en ruine baigné par la mer. Au premier plan, trois hommes chargent des ballots sur une charrette.

A la plume et au lavis d'encre de Chine.

VESTIER

(Attribué à)

102. — *Portraits de femmes.*

Trois dessins.
A la pierre noire, rehaussé de blanc et de sanguine.

(H., 0,42. — L., 0,32.)

VISCHER

(C.)

103. — *Bohémienne allaitant son enfant.*

Vigoureux dessin à la pierre noire.
A été gravé par Pieter de Mare, sous le titre de « Première Bohemienne. »

H., 0,28. — L., 0,22.

WATTEAU

(ANTOINE)

104. — *Jeune Femme en buste.*

Représentée de face, la tête légèrement tournée vers la droite. Un bras est accoudé.

A la pierre noire, rehaussé de sanguine.
Cadre ancien, en bois sculpté et doré.

(H., 0,18. — L., 0,14.)

WATTEAU

(ANTOINE)

105. — *Études de soldats couchés.*

Quatre croquis pour le *Bivouac* et les *Fatigues de la Guerre*, dans le même cadre.

A la sanguine.
Cachets de collection. (H., 0,10. — L., 0,10.)

WEIROTTER

(F.-E.)

106. — *Paysage.*

Habitation rustique au bord du Zuyderzée, avec barques et pêcheurs.

Beau dessin à la sépia, sur traits de plume. Signé.
Cadre ancien, en bois sculpté et doré.

(H., 0,15. — L., 0,21.)

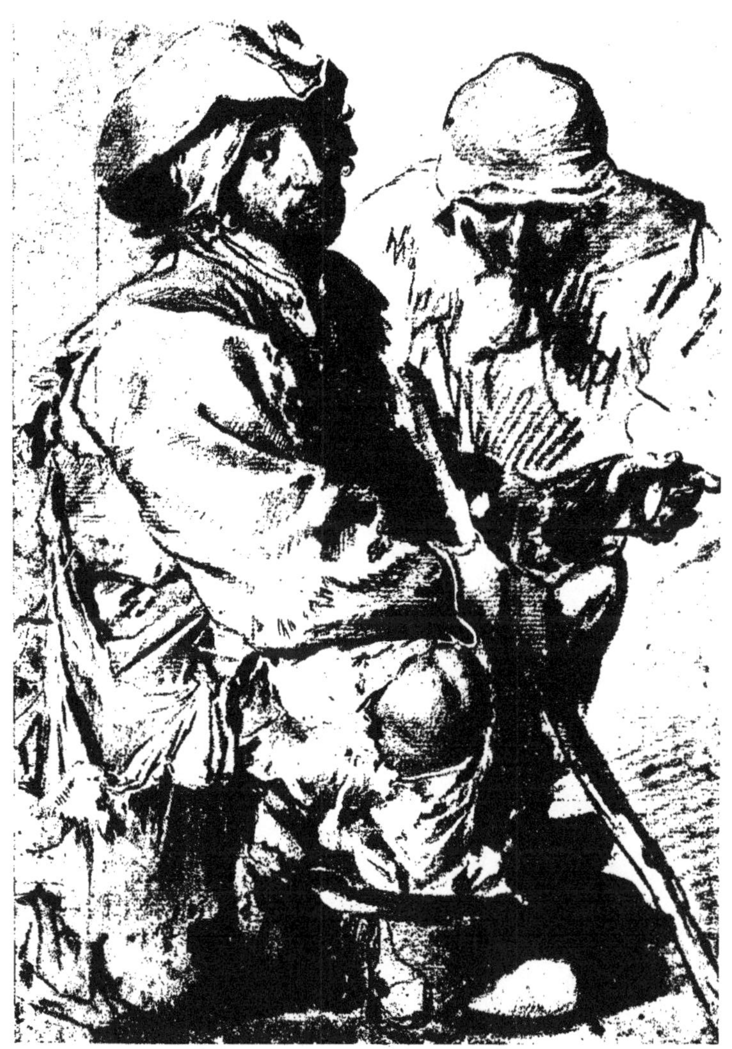

N° 109. — ÉCOLE FRANÇAISE DU XVIIIe SIÈCLE

WYNANTS

(JEAN)

107. — *Chemin sinueux conduisant à une église.*

A la pierre noire, lavé d'encre de Chine et de sépia.

(H., 0,135. — L., 0,180.)

ÉCOLE FRANÇAISE

(XVIIIe SIÈCLE)

108. — *Escortes d'équipages, d'après Ant. Watteau.*

Superbe dessin au crayon noir et à la sanguine, rehaussé de sépia.

Monture ancienne de Glomy.

Cachet de collection Hennery.

Cadre en bois sculpté de style Louis XV.

(H., 0,29. — L., 0,41.)

ÉCOLE FRANÇAISE

(XVIIIe SIÈCLE)

109. — *Étude de deux mendiants.*

Important dessin à la pierre noire et à la sanguine, rehaussé de lavis de sépia.

Cadre ancien.

(H., 0,27. — L., 0,19.)

ÉCOLE FRANÇAISE

(XVIIIe SIÈCLE)

110. *Un thé en famille.*

Réunion de sept personnes en costume Louis XVI, groupées dans un salon.

Gouache.

(H., 0,28. — L., 0,35.)

ÉCOLE FRANÇAISE

(XVIIIe SIÈCLE)

111. — *Le Tambour de basque.*

Dans un paysage à côté de l'autel de l'Amour, une jeune fille à mi-corps, coiffée d'un large chapeau, joue du tambour de basque.

Aquarelle de forme ovale.
Cadre Louis XVI ancien, en bois sculpté, avec nœud de ruban.

(H., 0,13. — L., 0,11.)

ÉCOLE FRANÇAISE

(XVIIIe SIÈCLE)

112. — *Jeune Femme à mi-corps.*

La tête tournée de trois quarts vers la droite, elle est vêtue d'un corsage décolleté et coiffée d'un bonnet.

A la pierre d'Italie et à la sanguine.

(H., 0,24. — L., 0,17.)

ÉCOLE FRANÇAISE

(XVIIIe SIÈCLE)

113. *Portrait de Mlle Renaud, actrice.*

Aquarelle de forme ovale.

H., 0,130. — L., 0,115.

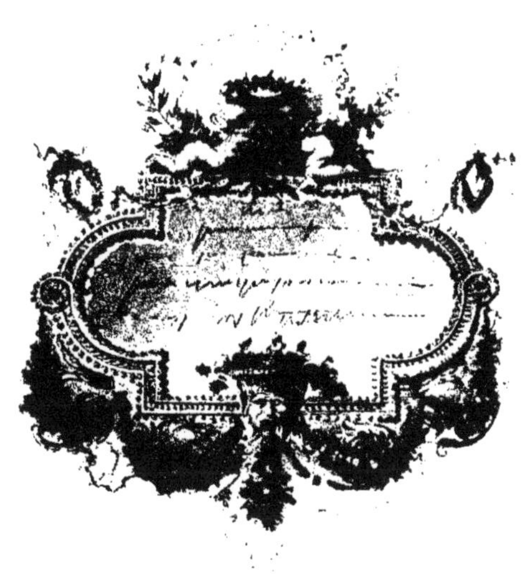

N° 13. — P.-P. CHOFFARD

IMPRIMÉ

PAR

CHAMEROT ET RENOUARD

19, rue des Saints-Pères, 19

PARIS

www.ingramcontent.com/pod-product-compliance
Ingram Content Group UK Ltd.
Pitfield, Milton Keynes, MK11 3LW, UK
UKHW021624260726
13994UKWH00003B/1068

9 782329 496665